100
faszinierende Tatsachen
ERFINDUNGEN

100 faszinierende Tatsachen ERFINDUNGEN

Duncan Brewer

Beraterin: Barbara Taylor
Übersetzt von Wiebke Krabbe

XENOS

DANKSAGUNG

Der Herausgeber dankt den folgenden Künstlern für ihre Mitarbeit an diesem Buch:

Steve Caldwell
Venessa Card
Peter Dennis
Mike Foster / Maltings Partnership
Peter Harper
Janos Marffy
Martin Sanders
Rudi Vizi
Steve Weston
Mike White

Cartoons von Mark Davis / Mackerel

ISBN 3-8212-3062-2

Am Hehsel 40, 22339 Hamburg
Satz: Rüdiger Mohrdieck
Die Originalausgabe erschien 2003 bei
Miles Kelly Publishing Ltd,
Bardfield Centre, Great Bardfield, Essex, CM7 4SL
unter dem Titel
100 things you should know about Inventions

Printed in Italy

Inhalt

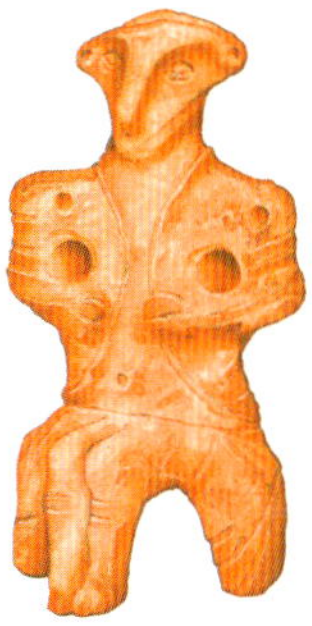

Erfinder der Steinzeit

1 Die Menschen waren schon immer Erfinder. Vor mehr als 400 000 Jahren erfanden unsere Vorfahren Äxte und andere Werkzeuge. Vor etwa 30 000 Jahren begannen sie, Lederhäute zu Kleidung zusammenzunähen. Vor über 20 000 Jahren benutzten sie Knochen als Musikinstrumente. Sie lernten Feuer zu machen, um zu kochen und dunkle Höhlen zu beleuchten. Weil sie von der Jagd lebten, erfanden sie auch Pfeil und Bogen und scharfe Pfeilspitzen. Sie lernten, Hütten aus Zweigen, Steinen und Mammutfellen zu bauen, um sich vor Wind und Wetter zu schützen.

▶ In der Steinzeit nähten die Menschen Lederfelle mit Nadeln aus Knochen zu Kleidungsstücken zusammen.

Die ersten Werkzeuge

2 Die ersten Erfinder lebten vor etwa 2,5 Millionen Jahren. Diese kleinen menschenähnlichen Wesen gingen aufrecht auf zwei Beinen. Ihre ersten Erfindungen waren Steinwerkzeuge. Sie formten sie, indem sie mit anderen Steinen auf sie einschlugen. Solche Werkzeuge hat man in Tansania in Afrika gefunden.

3 Aus Flintstein schlugen die Steinzeitmenschen scharfe Klingen. Beim Graben nach dem wertvollen Flintstein entstanden Mulden und Gänge in der Erde. Ihre Grabewerkzeuge stellten sie aus Rentiergeweihen her.

▶ Die Steinzeitjäger fingen Mammuts in Fallgruben und töteten sie mit Speeren.

4 Die frühen Jäger konnten sehr große Tiere töten. Mit den Steinspitzen ihrer Waffen erlegten sie Büffel, Wildpferde und sogar Mammuts. Mit scharfen Flintsteinklingen zerlegten sie die Beutetiere. Selbst dicke Häute ließen sich mit Flint gut schneiden.

◀ Flintsteine wurden so geformt, dass sie gut in der Hand lagen. Sie hatten eine scharfe Kante, die sogar große Knochen durchschneiden konnte.

5

Der Axtstiel war eine bedeutende Erfindung, weil er Werkzeuge und Waffen besonders schlagkräftig machte. Äxte mit scharfen Steinklingen wurden zum Fällen von Bäumen benutzt – für Feuerholz und auch zum Hüttenbau.

▶ Axtklingen waren eine wertvolle Tauschware im Handel mit Völkern, die keinen Flintstein besaßen.

KAUM ZU GLAUBEN!

Manche Steinzeitmenschen jagten mit Bumerangs. Jahrtausende vor Erfindung der australischen Bumerangs benutzten die frühen Menschen Wurfwaffen aus Mammut-Stoßzähnen.

6

Mit Sägen konnte man hartes Holz zerkleinern. Steinzeit-Handwerker entdeckten bald, dass man kleine Flintstein-Splitter wie Zähne in einen geraden Griff aus Holz oder Knochen setzen konnte. Sie benutzten diese Werkzeuge zum Sägen von Holz und Knochen.

▼ Vor 14 000 Jahren gab es bereits Sägen mit „Zähnen" aus Flintstein, die mit Harz befestigt waren.

Die Feuermacher

7 Anfangs nutzten die Menschen Feuer, das durch Blitzschlag entstand. Schon vor über 250 000 Jahren lebten in Afrika Menschen, die das Feuer kannten. Im Laufe von Jahrtausenden breiteten sie sich nach Europa und Asien aus. Dort waren die Winter viel kälter und sie brauchten Feuer, um sich zu wärmen. Bald fanden sie heraus, dass man Feuer machen konnte, indem man zwei Hölzer aneinander rieb. Sie legten um einen Stab eine Bogensehne und zogen sie hin und her, um den Stab ganz schnell auf einem anderen Holzstück zu drehen. Jahrtausende später entdeckten sie, dass man mit einem Flintstein auf Metall Funken schlagen konnte. Von da an trugen sie die Utensilien zum Feuermachen bei sich.

▶ Die frühen Menschen brauchten das Feuer als Licht- und Wärmequelle und zum Garen von Nahrung. Die Temperatur tief in einer Höhle ändert sich kaum, auch wenn das Wetter draußen umschlägt.

IMMER WÄRMER

Reibe deine Hände aneinander, wenn sie kalt sind. Reibst du sie langsam, spürst du kaum etwas. Reibst du schneller, werden sie wärmer. Durch Reibung entsteht Wärme.

8 Gegarte Nahrung schmeckt besser.

Durch die Erfindung des Kochens wurde die Nahrung auch ungefährlicher, weil die Hitze Krankheitserreger abtötet. Fleisch und Wurzeln werden durch das Garen weicher und schmecken besser. Der Mensch ist das einzige Lebewesen, das seine Nahrung kocht.

9 Die Menschen erfanden Lampen, um die dunklen Höhlen zu beleuchten.

Sie füllten Tierfett in Schalen aus Ton oder Stein und steckten einen Docht aus Moos hinein. So konnten die Menschen in den Höhlen besser sehen und Bilder an die Wände malen. Größere Lagerfeuer brauchten sie zum Garen der Nahrung und um nachts wilde Tiere fern zu halten.

Es geht voran

10 Mit Hilfe von Rädern kann man schwere Gewichte bewegen. Zuerst schleiften die Menschen schwere Lasten über den Boden. So z.B. in Skandinavien, wo man Teile von 7000 Jahre alten Schlitten fand. Vor mehr als 5500 Jahren stellten die Sumerer in Mesopotamien die ersten Räder aus zurechtgeschnittenen Brettern her.

▲ Holzräder waren sehr schwer. Metallbänder hielten die Bretter zusammen.

11 Krieger benutzten Kampfwagen mit leichten, stabilen Rädern. Räder mit Speichen sind leichter als massive Holzräder. Ab etwa 1800 v. Chr. bauten die Ägypter für den Krieg schnelle Wagen mit Speichenrädern, die von Pferden gezogen wurden. Die Römer und Griechen benutzten solche Wagen sowohl im Krieg als auch für Rennen.

▼ Durch Speichenräder wurden Wagen leichter, schneller und besser lenkbar.

Laufrad (1818)

Veloziped (1861)

Hochrad (um 1870)

Mountainbike (1976)

◀ Der Siegeszug des Fahrrades begann mit dem Veloziped und ist noch heute nicht am Ende.

12 Eisenbahnschienen bestanden früher aus Holz!

Räder rollen auf Schienen sehr leicht. Schon vor über 400 Jahren zogen Pferde schwere Lastkarren auf Schienen. 1789 erfand William Jessop speziell geformte Metallräder, die auf Metallschienen liefen, so wie es moderne Eisenbahnen noch heute tun.

13 Das Veloziped von 1861 hatte massive Reifen, die den Fahrer heftig durchrüttelten.

Schon 1790 hatte der französische Graf von Sivrac das erste Laufrad erfunden. Es hatte keine Pedale. Der Fahrer stieß sich mit den Füßen am Boden ab. Mit der Erfindung des luftgefüllten Reifens wurde das Radfahren bequemer.

14 Auf superdicken Reifen fährt man gut gepolstert.

Bei Vorführungen sieht man manchmal Autos mit übergroßen Reifen, die über eine Reihe anderer Autos fahren. Traktoren haben extragroße Räder, damit sie auf unebenem Boden gut vorwärts kommen.

▶ So große Räder sieht man normalerweise nur an großen Kipplastern, die Steine, Erde oder andere schwere Lasten transportieren.

Erntehelfer

15 Die ersten Bauern gruben den Boden mit Stöcken um. Im heutigen Irak lockerten Bauern schon 9000 v. Chr. die Erde, um Weizen und Gerste zu säen. Die reifen Ähren schnitten sie mit Klingen aus Flintstein-Splittern, die sie an Griffen aus Holz oder Knochen hielten. Zwischen zwei Steinen mahlten sie aus den Körnern Mehl.

▲ Zum Ernten des Getreides wurden gebogene Messer aus Holz oder Knochen benutzt.

KAUM ZU GLAUBEN!
Schon die Steinzeitmenschen hatten Kühlschränke. Sie lagerten Nahrungsvorräte in Gruben, die sie in den vereisten Boden hackten.

16 Menschen zogen die ersten Pflüge, als sie um 4000 v. Chr. in Ägypten und den Nachbarländern erfunden wurden. Mit Pflügen konnte man den Boden schneller lockern und umbrechen als mit Stöcken. Später spannte man Ochsen und andere Tiere vor den Pflug. Mit der Erfindung von Metall-Pflügen wurde der Ackerbau weiter erleichtert.

◀ In gepflügten Furchen war das Säen, Bewässern und Ernten des Getreides einfacher.

17 Erfindungen brachten die Landwirtschaft voran. Über Jahrtausende hatte sich die Arbeit der Bauern kaum verändert. Doch vor etwa 300 Jahren entstanden viele neue Erfindungen. Der Brite Jethro Tull erfand eine Saatmaschine, die von einem Pferd gezogen wurde und Samen in ordentlichen Reihen fallen ließ. Dabei wurde viel weniger Saatgut verschwendet als beim Säen von Hand.

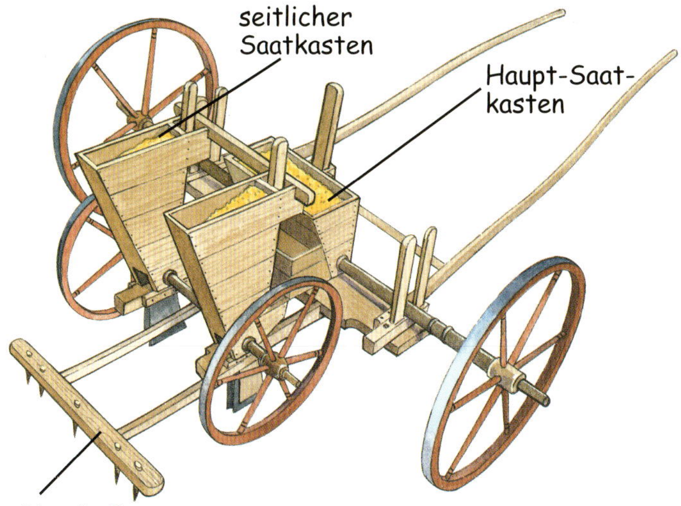

▲ Jethro Tulls Saatmaschine konnte drei Reihen Samen gleichzeitig ausbringen.

18 Moderne Maschinen können große Felder in kurzer Zeit abernten. Mähdrescher wurden erfunden, um das Getreide in einem Arbeitsgang zu mähen und zu dreschen. Die Prärie in Amerika war früher Grasland. Heute werden große Flächen zum Getreideanbau für die Nahrungsversorgung des Landes genutzt. Die Felder sind so groß, dass oft mehrere Mähdrescher gleichzeitig eingesetzt werden.

19 Forscher verändern die Eigenschaften der Pflanzen. Sie haben Pflanzen entwickelt, die widerstandsfähiger gegen Schädlinge und Krankheiten sind, oder die an Orten wachsen, an denen sie früher wegen der Bodenbeschaffenheit oder der Witterung nicht gedeihen konnten.

▼ Moderne Mähdrescher haben Fahrerkabinen mit Klimaanlage, Lärmdämmung und manchmal sogar Radio.

Unter Beschuss

20 Eine Speerschleuder wirkt wie eine Verdopplung der Armlänge.

Speerschleudern wurden etwa 15 000 v. Chr. erfunden. Jäger und Krieger benutzten sie, um ihre Speere besonders weit zu werfen. Völker in aller Welt erfanden solche nützlichen Hilfsmittel, die von den australischen Aborigines noch heute verwendet werden.

◀ Ein Ende der Speerschleuder ist ausgehöhlt. Dort wird der Speerschaft eingelegt.

21 Pfeile, die mit einem Langbogen abgeschossen wurden, konnten Eisenrüstungen durchschlagen.

Pfeil und Bogen wurden vor mindestens 20 000 Jahren erfunden. Vor über 900 Jahren entstand der englische Langbogen. Mit ihm konnten Schützen in kurzer Zeit viele Pfeile mit großer Reichweite abschießen. So konnten die Engländer in vielen wichtigen Schlachten siegen.

▼ Bogenschützen standen oft hinter Reihen aus angespitzten Pfählen, die ihnen Schutz vor berittenen Angreifern boten.

KAUM ZU GLAUBEN!

Langbogen-Schützen konnten sechs Pfeile pro Minute gezielt abschießen. Die Pfeile durchbohrten Feinde in voller Rüstung und traten am Rücken wieder aus.

22 Eine Armbrust muss man für jeden Schuss neu spannen. Diese Waffe, mit der Metallbolzen oder kurze Pfeile verschossen werden, wurde vor über 2000 Jahren im Mittelmeerraum erfunden. Sie schießt kräftig und genau, aber langsamer als ein Langbogen. Von 1000 n. Chr. an setzten Soldaten sie in ganz Europa bei Belagerungen ein. In der Schlacht, wo es auf Geschwindigkeit ankommt, war sie dem Langbogen jedoch meist unterlegen.

▶ Die Armbrust war die erste mechanische Handwaffe. Die Kirche versuchte anfangs, sie zu verbieten.

23 Eine biblische Geschichte handelt von David, der den Riesen Goliath mit einer Steinschleuder tötet. Die Steinschleuder ist eine alte Waffe, die wahrscheinlich von Hirten erfunden wurde, zum Hüten ihrer Schafe. Der Schütze hält die losen Enden der Schleuder, legt einen Stein in den Beutel, wirbelt die Schleuder über dem Kopf herum und lässt ein Ende los. Dann fliegt der Stein mit Schwung heraus.

24 Eine Zwille ist eine gefährliche Waffe. Die Gummibänder wirken wie Bogensehnen, mit denen ein Stein aus dem Beutel abgeschossen werden kann. Manche Fischer schießen mit Zwillen Köder aufs Wasser, um die Fische an die Oberfläche zu locken.

Aus Stein wird Metall

25 Manchmal findet man in der Erde Brocken von reinem Kupfer oder Gold. Um 8000 v. Chr. formten die ersten Schmiede im östlichen Mittelmeerraum diese Metalle mit Steinwerkzeugen. Sie stellten aus Kupfer Waffen und aus Gold Schmuck her.

▶ Gold ist recht weich. Frühe Goldschmiede hämmerten es in verschiedene Formen und prägten Muster in seine Oberfläche.

26 Flammen werden heißer, wenn man Luft hineinbläst. Vor etwa 8500 Jahren entdeckten die Menschen, wie man Metall aus Gestein schmelzen kann. Gestein, das Metall enthält, nennt man Erz. Sie bauten Blasebälge aus Tierhäuten, um Luft in die Flammen zu blasen. So schmolz das Metall im Erz und sie konnten es herausgießen.

27 Bronzewaffen bleiben länger scharf als Kupferwaffen. Vor 5500 Jahren erfanden Schmiede Bronze, indem sie Kupfer- und Zinnerz gemeinsam schmolzen. Aus dieser Legierung fertigten sie harte, scharfe Schwerter, Speerspitzen und Axtklingen.

◀ Flüssige Bronze wurde in Stein- oder Tonformen gegossen, um Werkzeuge herzustellen.

▶ Bronzeäxte waren schärfer und weniger empfindlich als Steinäxte.

28 Armeen mit Eisenwaffen können Armeen mit Bronzewaffen besiegen. Eisen ist härter als Bronze, doch um es zu schmelzen, braucht man ein sehr heißes Feuer. Ab 1500 v. Chr. setzten die Schmiede Holzkohle ein. Sie wird beim Verbrennen heißer als Holz und eignet sich darum zum Schmelzen von Eisen.

▲ Nach dem Schmelzen wurde das Eisen in Form gehämmert, um scharfe, stabile Waffen zu erhalten.

◀ Die Glieder von Eisenketten wurden in glühendem Zustand gehämmert und geschlossen.

29 Die Römer waren geschickte Klempner. Sie stellten Wasserrohre nicht aus Holz oder Ton her, sondern aus Blei. Blei ist weich, lässt sich leicht formen und wird durch Wasser nicht beschädigt.

30 Manche modernen Stahlwerke sind so groß wie eine Stadt. Stahl wurde erfunden, als man erstmals kleine Mengen Kohle unter flüssiges Eisen mischte. Stahl ist sehr hart und wird zum Bau von Schiffen und Hochhäusern benötigt.

▶ Flüssiger Stahl aus riesigen Hochöfen wird zu langen Platten ausgewalzt.

Boote und Segel

31 Die Wikinger segelten schon vor 1000 Jahren nach Amerika. Die ersten Boote waren Flöße aus Baumstämmen. Sie waren langsam, aber gut geeignet zum Transport schwerer Lasten. Wikingerschiffe waren schnell und konnten das offene Meer befahren. Segel wurden vor mindestens 5000 Jahren erfunden. Die Wikinger benutzten Segel und Ruder.

▶ Die Wikingerschiffe bestanden aus langen Planken, die auf Holzspanten befestigt waren. Mit einem langen Ruder am hinteren Ende (dem Heck) wurden sie gesteuert. Auf dem Meer konnte man sie segeln, auf flachen Gewässern rudern. Die Wikinger fuhren damit über die Flüsse von der Ostsee bis zum Schwarzen Meer.

KAUM ZU GLAUBEN!

Im Jahre 450 v. Chr. segelte der Kaufmann Himilco von Afrika nach England. Er ging in Cornwall an Land, um Zinn zu kaufen.

32 **Bis vor etwa 300 Jahren wurden die Weltmeere nur von Segelschiffen befahren.** Manche Kriegsschiffe waren sehr groß, hatten zahlreiche Segel und viele Mann Besatzung. England, Frankreich, Spanien, Holland und andere Länder hatten große Kriegsschiff-Flotten.

33 **Manche Segelboote umrunden die Erde, ohne anzulegen.** Moderne Segelboote setzen viele Erfindungen ein, etwa Motoren zum Aufrollen der Segel und Selbststeueranlagen. Solche Boote sind stabil, leicht und sehr schnell.

Wunderbarer Lehm

34 Die Steinzeitjäger benutzten gebrannten Lehm für magische Rituale.

Vor mindestens 30 000 Jahren entdeckten die Menschen, dass Lehm in der Sonne hart und im Feuer noch härter wird. Sie formten daraus kleine Tier- und Menschenfiguren. Sie benutzten sie vermutlich für Rituale, die den Jägern Glück bringen sollten. Das Härten von Lehm im Feuer war der Anfang der Töpferei.

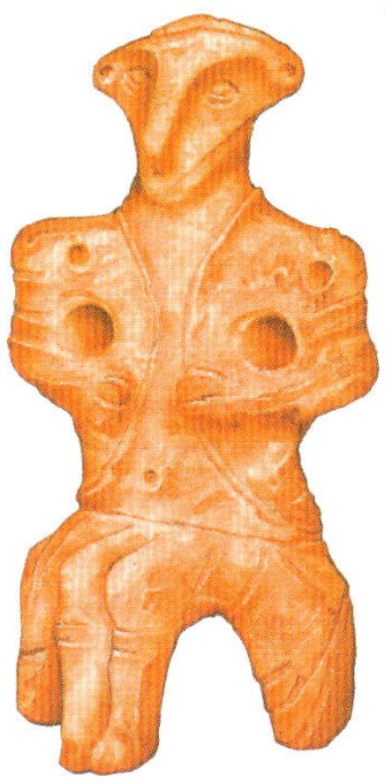

◀ Vielleicht stellten die ersten Tonfiguren Ahnen, Götter und Göttinnen dar.

▶ Ein Brennofen ist heißer als ein offenes Feuer und die Temperatur lässt sich besser regulieren.

35 Tonschalen veränderten die Ernährung.

Die ersten Tonschalen wurden um 10 000 v. Chr. in Japan mit der Hand geformt und im Feuer gebrannt. Man konnte heiße Flüssigkeit hineinfüllen und Fleisch oder Pflanzen darin kochen. Um 7000 v. Chr. erfanden Töpfer in Südostasien den Brennofen. In ihm wurde Ton nicht nur hart, sondern auch wasserdicht.

36 Die Töpferscheibe entstand wahrscheinlich noch vor dem Rad.

Um 3500 v. Chr. erfanden Töpfer in Mesopotamien (dem heutigen Irak) ein Rad, auf dem sie Lehmklumpen drehen und zu runden Gefäßen formen konnten. Mit dieser Scheibe konnten sie in kurzer Zeit runde, ganz glatte Formen herstellen.

37 Die Ziegelherstellung wurde in heißen, waldarmen Ländern erfunden.

Die ersten Ziegelhäuser entstanden um 9000 v. Chr. im Tal des Flusses Jordan. Die Ziegel wurden aus Lehm und Stroh geformt und zum Trocknen in die heiße Sonne gelegt. Ab 3500 v. Chr. brannte man in Mesopotamien Ziegel in Brennöfen.

▶ Ziegel ermöglichten den Bau größerer Häuser. Um 6000 v. Chr. entstanden in der Türkei Häuser ohne Türen. Sie hatten Öffnungen im Dach, durch die man mit Leitern ein- und ausstieg.

38 In modernen Fabriken werden Tausende von Tongefäßen in Serie hergestellt und in riesigen Öfen gebrannt.

Meist werden sie in Formen gepresst, manchmal auch auf elektrischen Scheiben gedreht. Muster werden teilweise von Hand aufgemalt.

TOPF AUS TONROLLEN

Forme aus Ton oder Knetmasse eine lange Schlange. Rolle den Anfang zur Schnecke – das ist der Boden. Dann rolle weiter, aber nun aufwärts, bis eine Schale oder ein Becher entsteht. Zum Schluss die Oberfläche glatt streichen.

▼ Das Malen von immer gleichen, feinen Mustern auf vielen Tongefäßen verlangt viel Geschicklichkeit.

Aufbruch ins Unbekannte

39 Die ersten Seeleute fanden ihren Weg mit Hilfe der Sterne. Um 1000 v. Chr. fanden phönizische Kaufleute aus Syrien sich auf dem Meer zurecht, ohne Land zu sehen. Sie wussten, in welcher Richtung bestimmte Sterne lagen. Der Polarstern im Sternbild des Kleinen Bären liegt immer im Norden.

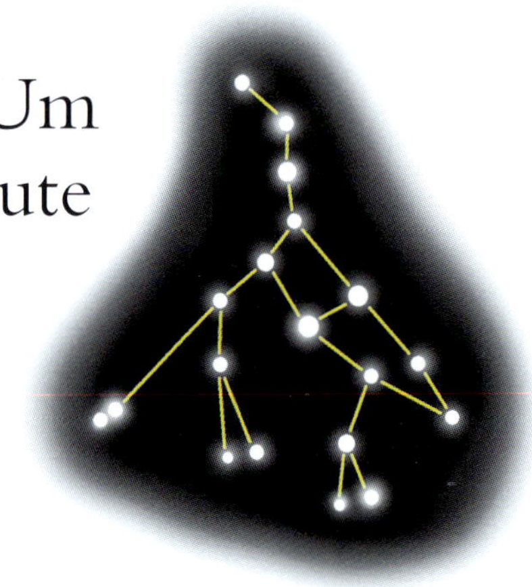

▲ Die Position des Großen Bären oder Großen Wagens am Himmel ändert sich, doch er zeigt immer zum Polarstern im Norden.

▼ Ein Kompass hat eine drehbare Magnetnadel, unter der auf einer Scheibe die Himmelsrichtungen markiert sind.

40 Ein Magnetkompass zeigt immer nach Norden und Süden. Damit können Seeleute sich zurechtfinden, wenn keine Sterne zu sehen sind. Der Magnetkompass wurde vor etwa 3000 Jahren in China erfunden. In Europa wird er erst seit weniger als 900 Jahren eingesetzt.

▶ Mit Hilfe von Karten aus Stöcken und Muscheln segelten Bewohner der Pazifikinseln Tausende von Kilometern über das Meer.

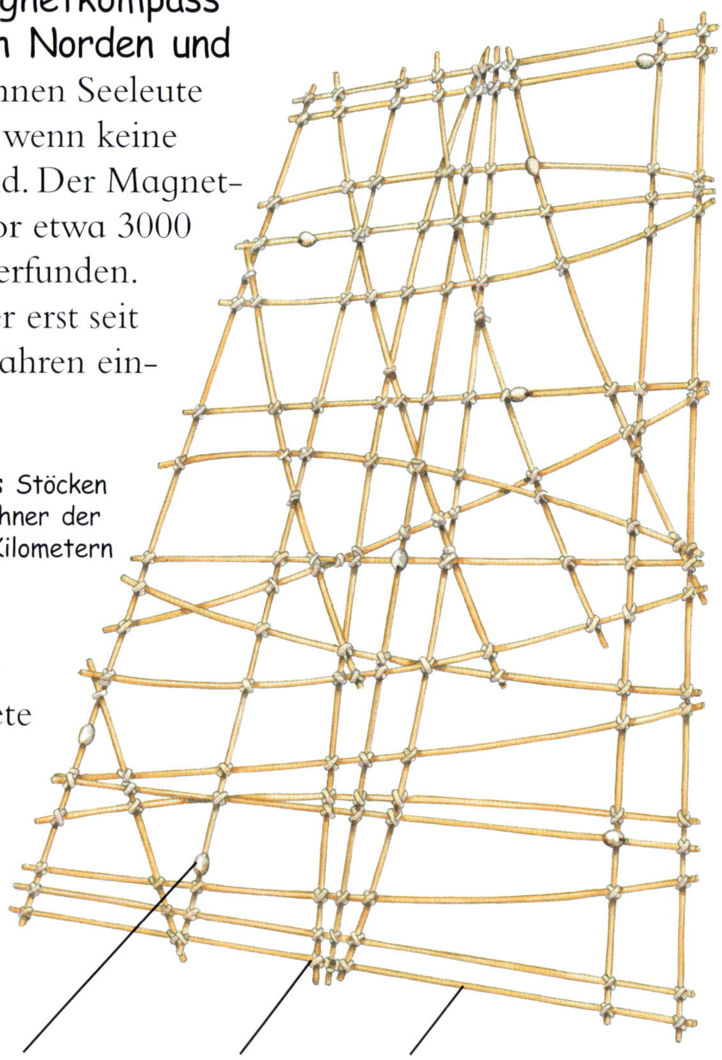

41 Frühe Karten zeigten, wo Seeungeheuer hausten. Im Jahre 160 zeichnete der Grieche Ptolemäus die erste Weltkarte. Karten von 500 n. Chr. zeigen rings um das Land Wasser, in dem Ungeheuer leben. Vor über 500 Jahren verwendete man im Pazifik Karten aus Stöcken und Muscheln, um Inseln und Strömungen anzuzeigen. Den ersten Globus erfand 1492 der Deutsche Martin Behaim.

▼ Das Chronometer wurde 1735 von dem Briten John Harrison erfunden. Das zuverlässige Gerät war in einen Kasten eingebaut, damit ihm das Schaukeln eines Schiffs auf See nichts ausmachte.

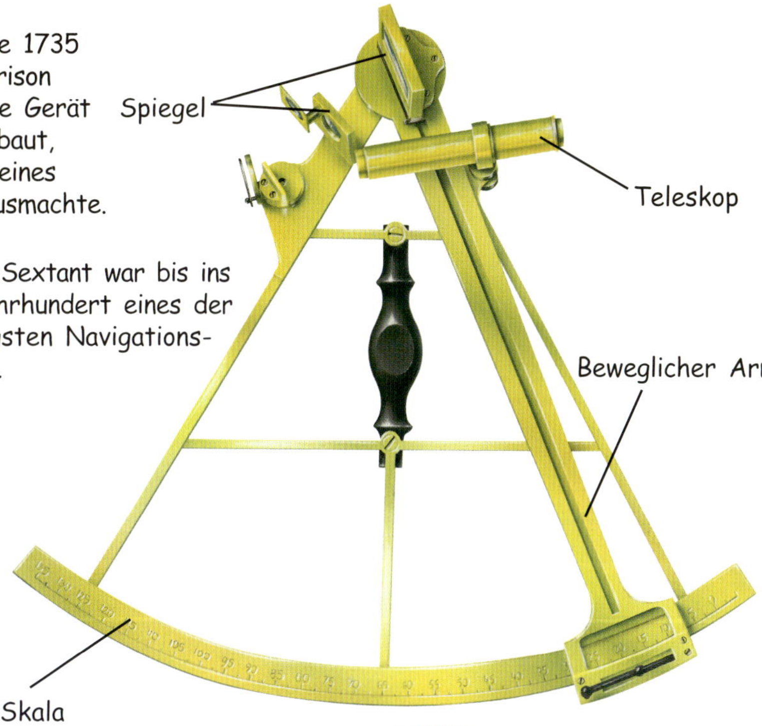

▶ Der Sextant war bis ins 20. Jahrhundert eines der wichtigsten Navigationsgeräte.

42

Im 18. Jahrhundert konnten Seeleute ihre Position auf dem Meer mit Sextant und Chronometer exakt bestimmen. Mit dem 1731 erfundenen Sextanten maßen sie die Höhe der Sonne über dem Horizont. Das Chronometer war eine sehr zuverlässige Uhr.

HIMMELS-RICHTUNGEN

Nimm einen Kompass mit nach draußen und finde heraus, wo Norden ist. Lege einen Papierpfeil auf den Boden, der in die richtige Richtung zeigt. Dann finde heraus, wo Süden, Osten und Westen liegen.

43

Mit neuen Erfindungen kann heute jeder feststellen, wo er gerade ist. Ein kleiner GPS-Empfänger fängt Signale von Satelliten im Weltraum ein und zeigt dadurch seine Position auf wenige Meter genau an. Man kann solche Empfänger in Schiffe, Flugzeuge, Autos und sogar Laptop-Computer einbauen.

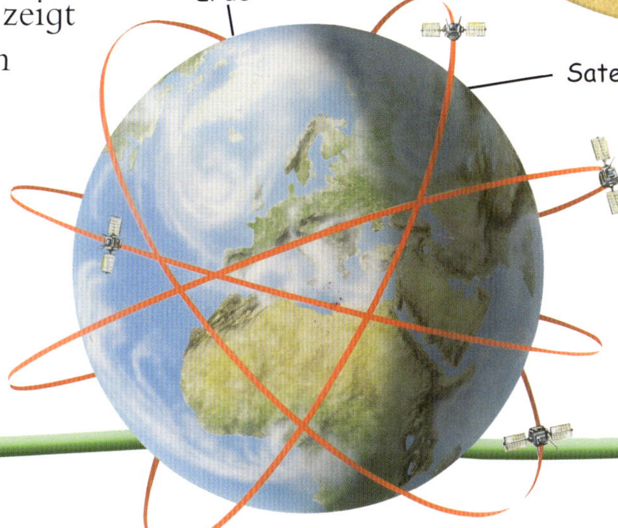

◀ Moderne Navigationsgeräte bestimmen ihre genaue Position mit Hilfe der Signale von mehreren Satelliten.

Kriegswaffen

44 Die Römer erfanden riesige Kampfmaschinen, die in Europa noch im Mittelalter bei Belagerungen benutzt wurden. Mit einem Tribock konnte man Steine oder brennende Holzstämme über Burgmauern schleudern. Eine Balliste schleuderte mit großer Wucht Steine oder Speere gegen den Feind.

KAUM ZU GLAUBEN!
1453 feuerte die größte Kanone der Welt eine 500 Kilogramm schwere Kugel fast einen Kilometer weit. Sie wurde vom türkischen Sultan Mehmet während der Belagerung von Konstantinopel eingesetzt.

45 Das erste Schießpulver wurde für Feuerwerke verwendet. Die Chinesen erfanden es vor über 1000 Jahren. 1221 brachten sie damit Bomben zum Explodieren und 1288 erfanden sie die erste Kanone. Kanonen und Mörser, die große Steine oder Bomben verschießen, wurden vom 14. Jahrhundert an in Europa bei Belagerungen benutzt. Erst im 15. Jahrhundert trugen Soldaten auch kleine Feuerwaffen bei sich.

46 Mit einem Rammbock konnte man dicke Stadtmauern und Tore zerschmettern. Wahrscheinlich wurde er 2000 v. Chr. von den Ägyptern erfunden. Es waren große Baumstämme, oft mit Eisenspitze versehen, die in einem Gestell vor- und zurückschwangen. Manche hatten ein Dach als Schutz gegen Steine und Pfeile von oben.

▶ Im Mittelalter konnten Belagerungen gut befestigter Burgen oder Städte mehrere Monate dauern.

47 Griechisches Feuer war eine Geheimwaffe.

Griechisches Feuer war eine Geheimwaffe. Es brannte im Wasser. Die Griechen erfanden es im 7. Jahrhundert, um angreifende Schiffe zu zerstören. Durch Kupferrohre wurde die Chemikalie auf die Feinde gespritzt. Es wurde noch Jahrhunderte später bei der Verteidigung von Burgen auf die Angreifer geschüttet.

48 Zum Sprengen von Burgmauern gruben Belagerungstruppen Tunnel, die sie mit Holzpfählen abstützten.

Zum Sprengen von Burgmauern gruben Belagerungstruppen Tunnel, die sie mit Holzpfählen abstützten. Dann sprengten oder verbrannten sie die Pfähle, so dass die Tunnel und die darüber liegenden Mauern einstürzten.

▶ Gatlings Kanone konnte sechs Kugeln in der Sekunde abfeuern.

49 Moderne Maschinengewehre können Tausende von Kugeln in der Minute abfeuern.

Moderne Maschinengewehre können Tausende von Kugeln in der Minute abfeuern. Der Amerikaner Richard Gatling erfand 1861 die erste „Maschinenkanone“. Sie besaß sechs Läufe, die sich beim Feuern wie ein Revolver drehten.

Zeitmessung

50 Die riesigen Steinquader in Stonehenge sind eine Art Kalender. Einige Steine zeigen am längsten Tag des Jahres genau in Richtung des Sonnenaufgangs. Die Stätte im südenglischen Wiltshire wurde zwischen 3000 und 1500 v. Chr. erbaut und erweitert.

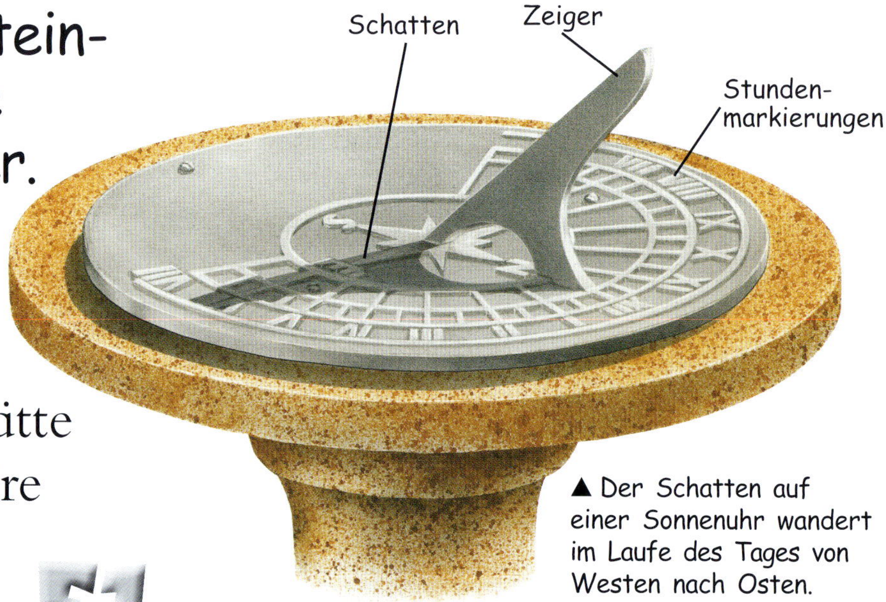

▲ Der Schatten auf einer Sonnenuhr wandert im Laufe des Tages von Westen nach Osten.

51 Eine der ersten Uhren war nur ein Stock, der in der Erde steckte. Um 4000 v. Chr. erfanden die Ägypter diese Uhr, bei der die Schattenlänge die Uhrzeit angab. Spätere Sonnenuhren hatten eine Scheibe mit Stundenmarkierungen und einen Zeiger, der einen Schatten warf.

▼ Das Aufrichten der gewaltigen Steine erforderte die Muskelkraft vieler Männer und das Wissen geschickter Experten.

52 Zum Messen der Zeit kann man Kerzen, Wasser und Sand benutzen.

Die Ägypter erfanden um 1400 v. Chr. eine Uhr, aus der ganz gleichmäßig Wasser tropfte. Auf Kerzenuhren waren Stunden durch Ringe markiert. Im Stundenglas, das um 1300 erfunden wurde, rieselte Sand durch eine kleine Öffnung.

▶ Eine Kerzenuhr (unten) und eine Sanduhr (rechts) zeigen nicht die Tageszeit, sondern die jeweils abgelaufene Zeit.

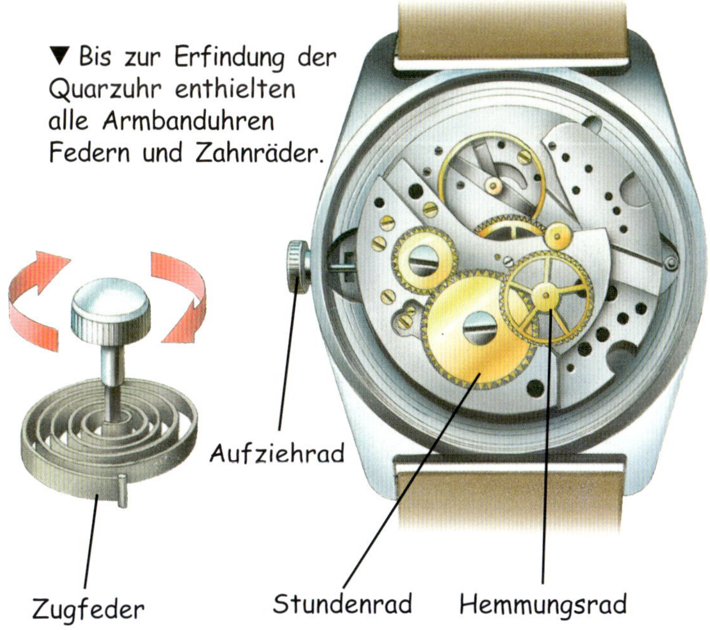

▼ Bis zur Erfindung der Quarzuhr enthielten alle Armbanduhren Federn und Zahnräder.

53 In einer modernen Quarzuhr sind keine beweglichen Teile zu sehen.

Die ersten Uhren funktionierten durch Bewegung. 1656 erfand der Holländer Christian Huygens eine Uhr mit einem schwingenden Pendel. Zur gleichen Zeit wurden auch Uhren mit schneckenförmig aufgerollten Federn erfunden. Moderne Quarzkristalluhren laufen durch unsichtbare Schwingungen sehr genau. Sie wurden erstmals 1929 hergestellt.

BAU DIR EINE SCHATTENUHR

Stecke einen 60 cm langen, geraden Stock senkrecht in ebenen Boden. Markiere die Schattenlänge stündlich von 9 Uhr bis 16 Uhr mit unterschiedlich langen Schnüren.
Wann ist der Schatten am kürzesten?

Antwort:
Um 12 Uhr mittags.

▶ Die ersten Armbanduhren wurden 1790 hergestellt. Moderne Quarzuhren haben keine Zeiger, sondern eine Anzeige mit Zahlen.

54 Manche Uhren ähneln Spielzeugen.

In Kuckucksuhren ist ein kleiner Vogel eingebaut. Zur vollen Stunde tritt er aus einem Türchen und ruft „Kuckuck“. Im 18. Jahrhundert baute man Uhren, die wie Schiffe aussahen und stündlich ihre Kanonen abfeuerten.

Natürliche Energie

55 Die erste Nutzung der Windkraft war das Segelboot.

Es wurde um 3500 v. Chr. von den Ägyptern erfunden. Auch die Sumerer bauten zu dieser Zeit Boote mit einem quadratischen Segel. Um 600 n. Chr. gab es in arabischen Ländern die ersten Getreide-Windmühlen. Ab 1100 baute man in Europa Windmühlen, deren Kopf man nach dem Wind drehen konnte.

56 Die ersten Wasserräder standen nicht aufrecht, sondern lagen flach.

Sie wurden um 100 v. Chr in Jugoslawien und Albanien eingesetzt und drehten sich nur in schnell fließenden Gewässern. 100 Jahre später entwickelten die Römer aufrechte Wasserräder, die leichter liefen und deren Kraft über ein Getriebe vielseitig genutzt wurde.

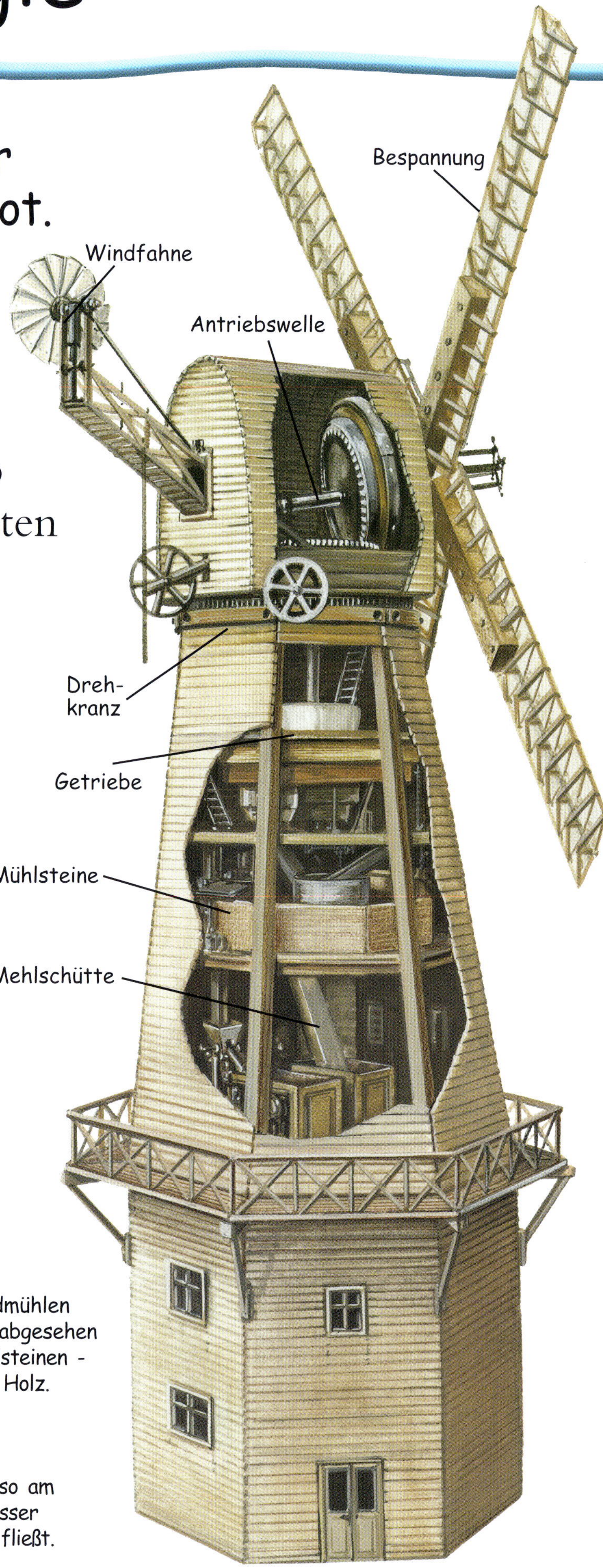

▶ Viele Windmühlen bestanden – abgesehen von den Mühlsteinen – komplett aus Holz.

◀ Manche Mühlräder sind so am Hang gebaut, dass das Wasser von oben auf das Mühlrad fließt.

57 Bei den ersten Dampfmaschinen war die Explosionsgefahr groß.

Thomas Savery erfand 1698 im englischen Devon eine Dampfpumpe. Sie verbrauchte viel Treibstoff und war gefährlich. 1804 erfand der Brite Richard Trevithick eine Dampfmaschine, die auf Schienen fuhr.

◀ Trevithicks Lokomotive arbeitete mit Dampfdruck. Bei einer Vorführung im Jahre 1808 erreichte sie auf einer kreisförmigen Strecke bei London eine Geschwindigkeit von 16 km/h.

58 Rotierende Magneten können elektrischen Strom erzeugen.

Michael Faraday und andere Forscher erfanden um 1830 die ersten magnetischen Generatoren (Stromerzeuger). Heute baut man z. B. Staudämme und nutzt die enorme Kraft des Wassers, um Stromerzeuger anzutreiben, die ebenfalls Magneten enthalten.

KAUM ZU GLAUBEN!

Die erste Dampfmaschine war nutzlos. Im 3. Jahrhundert v. Chr. erfand ein Grieche eine Dampfmaschine mit einer rotierenden Metallkugel. Leider fiel niemandem eine Verwendung dafür ein.

59 Die Kraft des Windes wird mit zunehmender Höhe stärker.

Einige der größten Windräder sind so hoch wie ein 20-stöckiges Gebäude. Die Spannweite ihrer Rotoren ist größer als ein Fußballfeld. Sie können über 1400 Haushalte mit Strom versorgen.

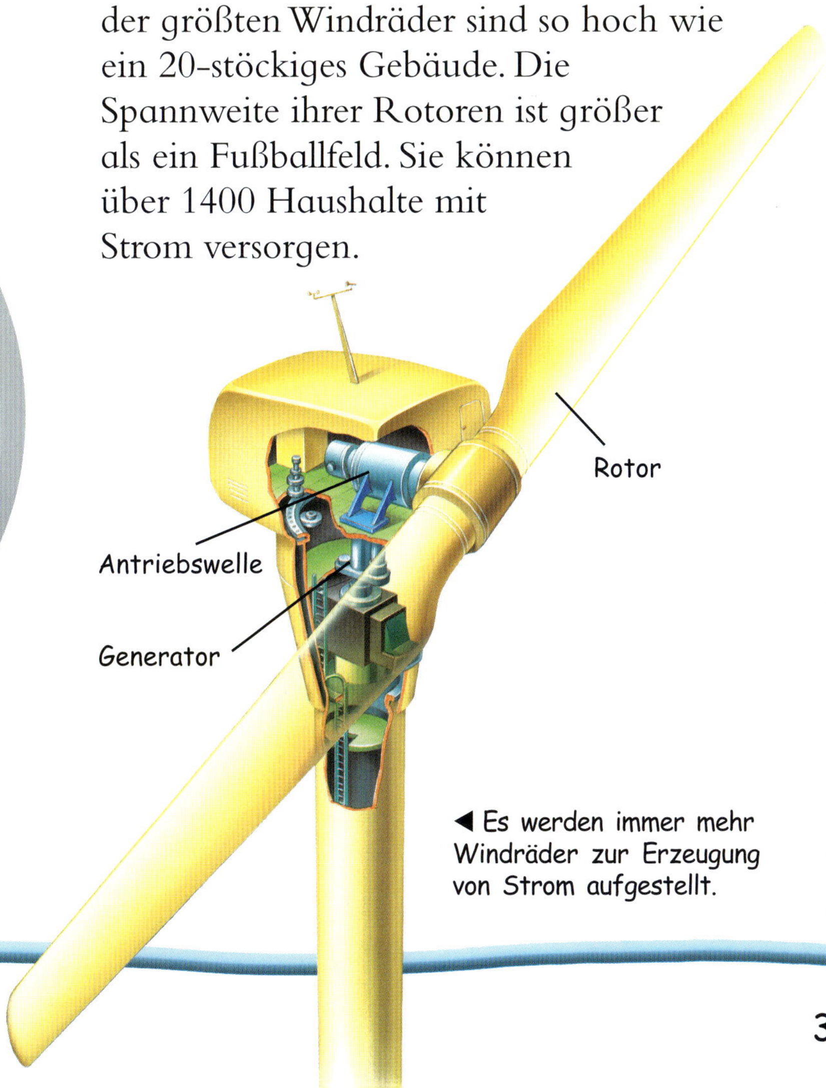

◀ Es werden immer mehr Windräder zur Erzeugung von Strom aufgestellt.

Zeichen auf Papier

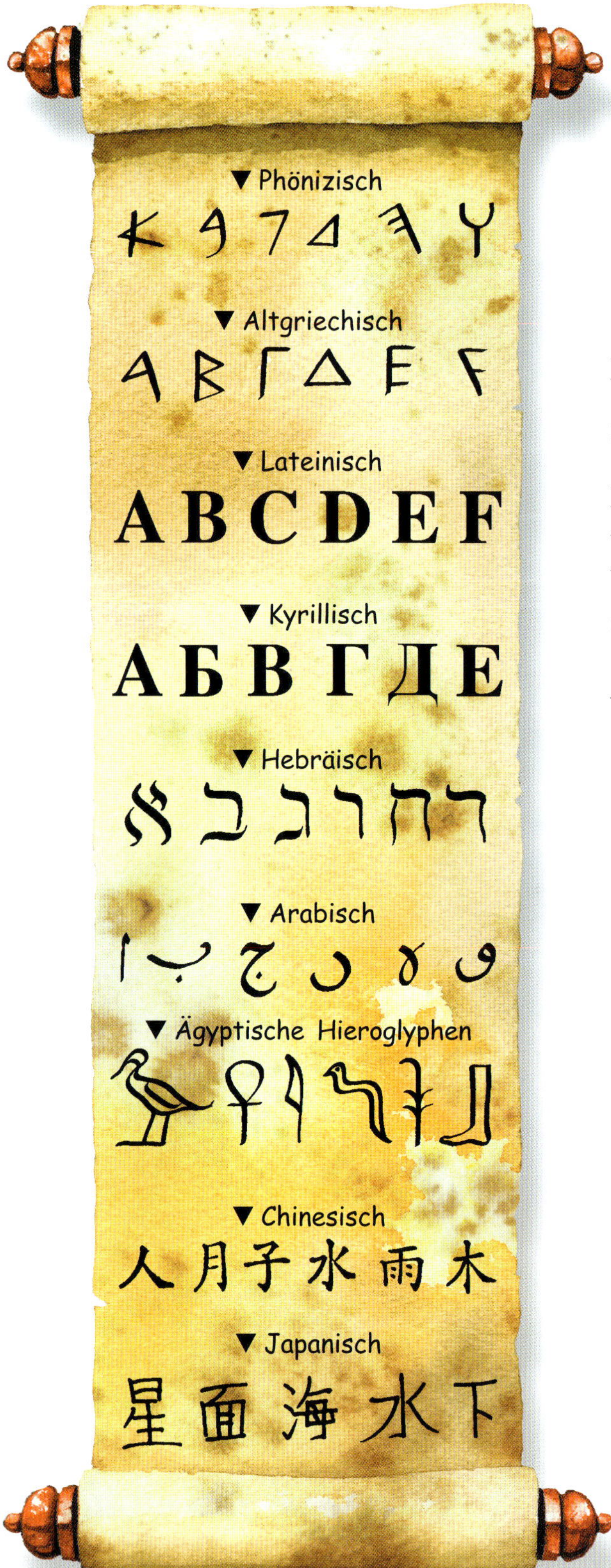

▲ Die alten Bilderschriften umfassten Hunderte verschiedener Zeichen. Die meisten modernen Alphabete haben viel weniger Buchstaben.

60 Die erste Schrift bestand aus Bildern. Vor etwa 5500 Jahren erfanden die Sumerer die Schrift: Sie ritzten Zeichen in Lehmtafeln. Aus ihr entwickelte sich die Keilschrift, die mit Schilfkeilen in Lehmtafeln gedrückt wurde. Die berühmteste Bilderschrift sind die Hieroglyphen der Ägypter, die vor 5000 Jahren entstanden.

▲ Im Mittelalter schrieben Mönche Bibeln mit der Hand ab und verzierten sie mit prächtigen Bildern.

61 Das erste Buch der Welt war eine Rolle aus Papier, das aus Schilf hergestellt war. Dieses „Buch der Toten“ entstand zwischen 1500 und 1350 v. Chr. in Ägypten. Christliche Mönche schrieben ihre religiösen Bücher auf Pergament, das man aus Tierhaut herstellte.

◄ Die ersten Druckerpressen bestanden aus Holz. Damals druckte man mit beweglichen Lettern.

62 **Nach der Erfindung des Buchdruckes wurde das Lesen viel beliebter.** Im 15. Jahrhundert erfand der Deutsche Johann Gutenberg den Druck mit beweglichen Metalllettern und einer Presse. Kaum 100 Jahre später gab es überall in Europa solche Druckerpressen.

63 **Früher konnten die Menschen schnell mit Hilfe ihrer Finger rechnen.** Die ersten geschriebenen Zahlen wurden um 3100 v. Chr. von Kaufleuten aus dem Mittleren Osten entwickelt. Um 300 erfanden die Chinesen ein Rechengerät namens Abakus. Es war ein Rahmen mit Schnüren, auf die Perlen gefädelt waren. Manche Chinesen rechnen damit noch heute.

◄ Experten können mit einem Abakus sehr schnell komplizierte Additionen durchführen.

KAUM ZU GLAUBEN!

Eine frühe griechische Schrift nannte man „wie ein Ochse den Boden pflügt". Man schrieb die erste Zeile von rechts nach links, die zweite von links nach rechts und so weiter, immer hin und her.

64 **Computer können blitzschnell komplizierte Rechnungen durchführen.** Die ersten Computer wurden in den 30er und 40er Jahren des 20. Jahrhunderts in den USA und Europa erfunden. Heute sind Computer klein, preiswert und leistungsfähig. Sie können Unmengen von Daten speichern. Das Internet macht viele weitere Informationen zugänglich und ermöglicht das blitzschnelle Versenden von E-Mails in alle Welt.

Sichtbar größer

65 Ein kleines Stück Glas kann optisch vergrößern. In Italien schliffen Brillenmacher im 14. Jahrhundert Glaslinsen, mit denen man kleine Schriften leichter lesen konnte. Später setzte man solche Linsen in Mikroskope und Teleskope ein, um winzige oder weit entfernte Dinge zu betrachten.

▲ Als die Menschen begannen, Bücher zu lesen, wurden Brillen immer gefragter.

66 Mit Mikroskopen konnten Forscher zum ersten Mal Bakterien sehen, die Krankheiten verursachen. Das erste Mikroskop mit einer Linse wurde in Holland entwickelt. Um 1590 baute der Holländer Zacharias Janssen ein Mikroskop mit zwei Linsen, das wesentlich stärker war.

67 Die Holländer versuchten, das erste Teleskop geheim zu halten. Hans Lippershey erfand es 1608, doch bald war das Geheimnis gelüftet. 1609 baute der italienische Wissenschaftler Galilei ein Teleskop, mit dem er Mond und Planeten beobachtete.

▲ Die ersten Mikroskope mit zwei oder mehr Linsen vergrößerten stark, aber ihr Bild war unscharf. Dieses Modell erfand der Engländer Robert Hooke (1635-1703).

QUIZ

1. Bestehen Linsen aus (a) Glas oder (b) Stahl?
2. Was gab es zuerst: (a) das Teleskop oder (b) die Brille?
3. Beobachtet man Sterne mit (a) einem Mikroskop oder (b) einem Teleskop?
4. Was ist kleiner: (a) Bakterien oder (b) Ameisen?
5. Vergrößert ein Mikroskop mit (a) einer oder (b) zwei Linsen stärker?

Antworten: 1a 2b 3b 4a 5b

68 Durch ein Radioteleskop kann man nicht sehen.

68 Durch ein Radioteleskop kann man nicht sehen. Der Amerikaner Grote Reber erfand das erste Radioteleskop und stellte es 1937 in seinem Garten auf. Radioteleskope fangen mit ihrer „Schüsselantenne" Funkwellen aus dem Weltraum auf, die von fernen Sternen und neuerdings von Raumsonden ausgesandt werden.

▲ Früher glaubten die Menschen, die Erde sei eine Scheibe. Die Erfindung des Teleskops berichtigte diesen Irrtum.

▲ Die meisten Radioteleskope können in verschiedene Richtungen gedreht werden.

▼ Unter einem Elektronenmikroskop sieht eine Mücke wie ein Monster aus. Man kann damit winzige Lebewesen sehen, die man mit bloßem Auge nicht erkennen könnte.

69 Mit modernen Mikroskopen sind tausendfache Vergrößerungen möglich.

69 Mit modernen Mikroskopen sind tausendfache Vergrößerungen möglich. 1933 erfand der Deutsche Ernst Ruska das Elektronenmikroskop mit 12 000facher Vergrößerung. Neueste Mikroskope können sogar mehrere Millionen Mal vergrößern.

Wir machen Musik

70 Nur der Mensch kann auf Instrumenten Musik machen. Steinzeitmenschen stellten Rasseln und andere einfache Instrumente aus Mammutknochen und -stoßzähnen her. Instrumente, die man schüttelt oder auf die man schlägt, werden heute noch in Orchestern benutzt.

71 Vor über 20 000 Jahren erfanden Steinzeitmenschen Flöten, die sie aus Knochen und Geweihen schnitzten. Wie bei heutigen Flöten erzeugte man darauf Töne, indem man Löcher zuhielt oder offen ließ.

72 Einige der ersten Harfen bestanden aus Schildkrötenpanzern. Schon vor über 5000 Jahren spielten die Ägypter und Sumerer auf solchen Instrumenten. Wie die modernen Harfen hatten auch die meisten alten Harfen Saiten in verschiedenen Längen.

▼ Orchesterinstrumente teilt man in verschiedene Gruppen ein. Die Violine gehört zu den Streichinstrumenten, das Fagott zu den Holzblas- und die Posaune zu den Blechblasinstrumenten.

73 **In einem Klavier schlagen gepolsterte Hämmerchen Saiten an.** Das erste klavierähnliche Instrument entstand etwa 1480 und zupfte seine Saiten noch. Sein Klang war zarter als der eines modernen Klaviers.

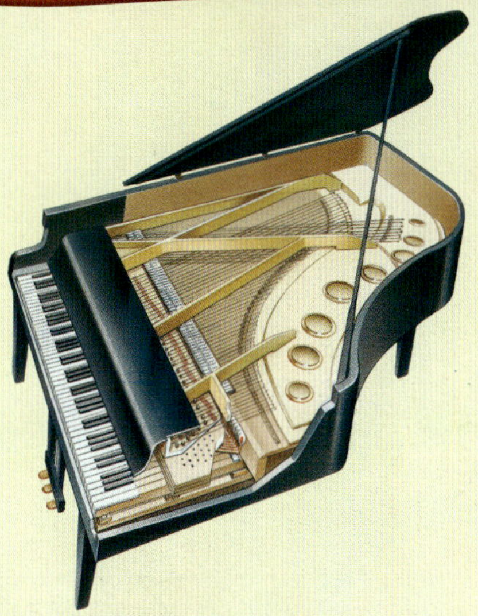

▶ Ein Flügel hat einen Korpus in der Form einer Harfe, in dem die Saiten waagerecht liegen.

74 **Die Trompete gehört zu den lautesten Instrumenten im Orchester.** Man fand eine Trompete im Grab des ägyptischen Pharaos Tutenchamun aus dem Jahr 1320 v. Chr. Vor über 2000 Jahren bliesen keltische Krieger in Nordeuropa große Bronzetrompeten, die wie Mammutstoßzähne geformt waren, um ihre Feinde einzuschüchtern.

75 **Ein Dudelsack klingt so seltsam, wie er aussieht.** Er wurde vor über 2000 Jahren in Indien erfunden. Auch in der römischen Armee gab es Dudelsackpfeifer. Im Mittelalter spielten die Hirten in Europa und im Nahen Osten Dudelsack, während sie ihre Herden bewachten.

Verständigung

76 **Manche Völker benutzten „sprechende Trommeln“ oder Rauchsignale, um Nachrichten zu übermitteln.** Früher konnte man nur mit einfachen Mitteln Nachrichten über lange Strecken senden.

◀ Um die Rauchsäule eines Feuers zu unterbrechen, legt man eine Decke darüber. So entstehen „Wolken“, die eine Bedeutung haben können.

77 **Im 18. Jahrhundert übermittelten die Franzosen mit Hilfe hoher Pfähle mit Holzarmen (so genannten Semaphoren) Nachrichten über Hunderte von Kilometern.** Dieses „Winkeralphabet“ wurde 1791 von Claude Chappe entwickelt. Es wurde lange zur Verständigung zwischen Schiffen benutzt. 1838 erfand der Amerikaner Samuel Morse einen Signalcode, mit dem man durch Lichtzeichen oder elektrische Signale Nachrichten übermitteln konnte.

78 **Das Telefon kann deine Stimme rund um die Welt befördern.** Es wurde um 1870 von dem Schotten Alexander Graham Bell erfunden. Sprichst du in die Muschel, wird deine Stimme in elektrische Signale verwandelt und zum Hörer am anderen Ende übertragen. Nur 15 Jahre nach dieser Erfindung gab es in Amerika 140 000 Telefonanschlüsse.

▼ Im internationalen Winkeralphabet steht jede Armstellung für einen Buchstaben. Welches Wort wird hier angezeigt?

1 = S

2 = I

3 = G

4 = N

5 = A

6 = L

79 Funksignale können ganz ohne Kabel durch die Luft fliegen.

1899 funkte der Italiener Guglielmo Marconi erstmals von England nach Frankreich. Funkstationen senden Signale aus, die von unsichtbaren Wellen weitergetragen und von Antennen eingefangen werden. Der Schotte John Logie Baird erfand 1926 die erste Fernsehtechnik. Fernsehen kann über Kabel oder Funk übermittelt werden.

Satellit

Fernsehstudio

Fernsehkamera

▲ Live-Aufnahmen werden zu einem Satelliten im Weltraum gesendet und von dort auf die andere Seite der Erde übertragen.

KAUM ZU GLAUBEN!

Die ersten Fernsehdarsteller mussten übertrieben stark geschminkt sein. Damals waren die Bilder so unscharf, dass die Zuschauer ihre Gesichter sonst nicht erkannt hätten.

80 Mit einem Mobiltelefon kannst du von fast überall aus anrufen.

Deine Stimme wird über Mikrowellen (spezielle Funkwellen) von Antenne zu Antenne übermittelt, bis das Signal den angerufenen Teilnehmer erreicht. Manche Antennen befinden sich auf Satelliten im Weltraum.

Himmelsstürmer

81 **Die ersten Passagiere eines Heißluftballons waren ein Schaf, eine Ente und ein Hahn.** 1782 erfanden die französischen Brüder Montgolfier den Heißluftballon. Die Ballons bestanden aus Papier und wurden zum Befüllen mit heißer Luft einfach über einem Strohfeuer aufgehängt.

▲ Den ersten erfolgreichen bemannten Flug absolvierte ein Ballon der Brüder Montgolfier in Paris im Jahre 1783.

82 **Viele Erfinder haben versucht, durch Auf- und Abbewegen von großen Flügeln zu fliegen.** Niemand hat es geschafft. Einer der ersten „Vogelmenschen“ stürzte im 1. Jahrhundert bei einem Fest im alten Rom zu Tode.

83 **Das erste Flugzeug flog nur 12 Sekunden lang.** Es war eine Erfindung der amerikanischen Brüder Wright, die sie 1903 erprobten. 1909 gelang dem Franzosen Louis Blériot die Überquerung des Ärmelkanals. Im Ersten Weltkrieg setzte man erstmals Kampfflugzeuge ein. Im Zweiten Weltkrieg waren die Kampfflugzeuge eine wichtige Streitmacht.

▲ 1965 wurde das Kunstflug-Geschwader der britischen Luftwaffe gegründet, das Red Arrows (Rote Pfeile) heißt und aus Düsenflugzeugen vom Typ Hawk besteht. Ein Formations-Kunstflug bei hoher Geschwindigkeit verlangt gute Zeitabstimmung und sehr viel Geschick.

84 **Das erste Hubschraubermodell wurde schon vor über 500 Jahren von Leonardo da Vinci entwickelt.** 1877 erfand der Italiener Enrico Forlanini einen Dampfhelikopter, der 60 Sekunden flog und eine Höhe von 15 Metern erreichte. Moderne Hubschrauber können auf der Stelle schweben und fast überall landen. Darum werden sie für Rettungseinsätze an Land und auf See benutzt.

85 **1948 flog ein Düsenflugzeug schneller als der Schall.** Der Brite Frank Whittle hatte 1930 das erste Düsentriebwerk entwickelt. Die meisten modernen Verkehrsflugzeuge haben Düsentriebwerke ohne Propeller. Für den Formations-Kunstflug werden Gruppen kleiner Düsenjäger eingesetzt.

KAUM ZU GLAUBEN!

Als 1783 der erste Wasserstoffballon nach 24 Kilometern Flug auf einem Feld landete, wurde er von erschreckten Bauern angegriffen und zerstört.

Klänge und Bilder

86 Die erste Tonaufnahme war das englische Kinderlied „Mary had a little lamb". 1877 erfand der Amerikaner Thomas Edison ein Verfahren zum Aufzeichnen von Tönen, indem er Vertiefungen auf eine Walze ritzte. Fuhr man die Vertiefungen mit einer Nadel wieder ab, konnte man die Töne hören. Aufzeichnung wie Abpielen der Töne geschahen durch einen Schalltrichter.

▲ Thomas Edison hat viele bedeutende Erfindungen gemacht, etwa die Tonaufzeichnung, die Glühlampe und einen frühen Filmprojektor.

87 An den ersten Plattenspielern musste man kurbeln, damit sie Töne von sich gaben. 1887 erfand der Deutsche Emil Berliner die Schallplatte. Man spielte sie mit einer Stahlnadel ab, die die Platten aber schnell abnutzte. Außerdem waren sie sehr zerbrechlich. Die ersten Langspielplatten kamen 1948 auf den Markt. Sie hatten eine Spielzeit von 20 Minuten pro Seite und bestanden aus Plastik, das nicht so leicht zerbrach.

▼ Die ersten Plattenspieler musste man mit einer Kurbel aufziehen. Der Lautsprecher sah aus wie ein großer Trichter.

QUIZ

1. Wurden die ersten Tonaufnahmen auf (a) Platten oder (b) Walzen gemacht?
2. Was gab es zuerst: (a) Filme oder (b) Langspielplatten?
3. Nehmen moderne Kameras Bilder auf (a) Glasplatten oder (b) Filmrollen auf?
4. CDs werden mit einer Nadel abgespielt. Richtig oder falsch?
5. Gab es die ersten Kinofilme (a) im 19. oder (b) im 20. Jahrhundert?

Antworten:
1b 2a 3b 4 falsch 5a

88 Das Aufnehmen des ersten Fotos dauerte acht Stunden.

Der Erfinder hieß Joseph Nicéphore Niepce und sein Motiv waren Dächer. Die ersten Kameras waren riesig, die Bilder wurden auf Glasplatten aufgenommen. 1889 erfand der Amerikaner George Eastman Filme auf Rollen, die das Fotografieren sehr vereinfachten.

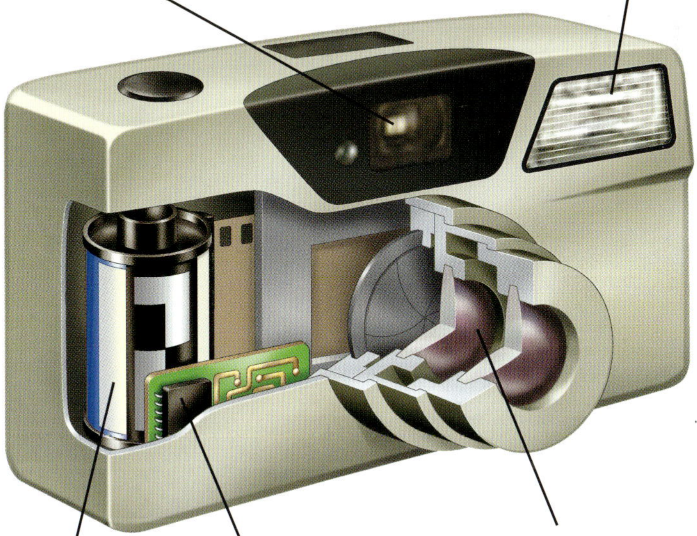

▶ In Automatikkameras übernimmt ein elektronischer Chip fast alle Einstellungen. Die Kameras sind einfach zu handhaben und machen gute Aufnahmen.

▲ Die Brüder Lumière, die den Filmprojektor erfanden, drehten auch Filme und eröffneten das erste öffentliche Kino.

89 Auf eine kleine CD passt eine Menge Musik.

CDs (Compact Discs) sind klein und leicht. Die Erfindung wurde 1983 von Plattenfirmen auf den Markt gebracht. Im CD-Player werden die Töne, die auf der CD gespeichert sind, mit einem Laserstrahl (gebündeltem Licht) „gelesen".

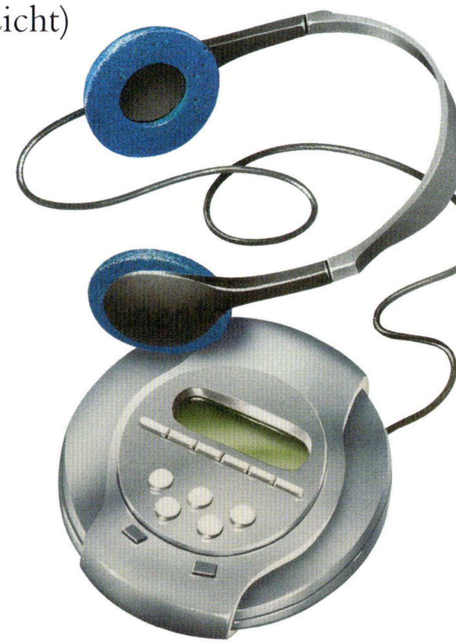

▶ Mit einem tragbaren CD-Player kann man überall Musik hören.

90 Die ersten Filme konnte immer nur ein Zuschauer zur Zeit sehen,

indem er durch ein kleines Loch in einen Kasten schaute. Thomas Edisons Firma entwickelte 1889 den Film. Als 1895 die Brüder Lumière den Projektor dazu erfanden, konnte ein ganzes Kinopublikum gleichzeitig einen Film auf der Leinwand sehen.

Ideen für den Alltag

91 Der erste Staubsauger wurde mit Pferd und Wagen vorwärts bewegt. Sein Erfinder war 1901 der britische Ingenieur Hubert Cecil Booth. Der erste elektrische Staubsauger („Hoover“) entstand 1907 in Amerika aus einem alten Sack und einem elektrischen Ventilator.

▲ Bei den ersten Staubsaugern musste man mit einem Griff einen Balgen auseinander- und wieder zusammendrücken.

▼ Die ersten Kühlschränke waren riesig und laut und hatten nur einen kleinen Innenraum.

92 Im 19. Jahrhundert wurden die ersten Kühlschränke erfunden. Sie kosteten viele Menschenleben, weil sie giftiges Kühlgas benutzten. Ab 1929 verwendete man ein weniger gefährliches Kohlenwasserstoffgas. Heute wissen wir, dass dieses Gas die Erdatmosphäre schädigt, darum wird es inzwischen nicht mehr verwendet.

QUIZ

1. Brauchte man für den ersten „Hoover“ (a) ein Pferd oder (b) einen elektrischen Ventilator?
2. Waren die ersten Kühlschränke gefährlich, weil sie (a) explodierten oder (b) giftiges Gas abgaben?
3. Auf Kreta gab es schon vor 4000 Jahren Porzellan-Toiletten. Richtig oder falsch?
4. Enthalten Glühlampen (a) Wasser, (b) Luft oder (c) keins von beidem?
5. Wer gründete die erste Fabrik für elektrische Leuchtmittel? (a) Thomas Twyford oder (b) Thomas Edison?

Antworten:
1b 2b 3 falsch 4c 5b

93 Ein geschmolzener Schokoriegel führte zur Erfindung des Mikrowellenherdes.

Der Amerikaner Percy L. Spencer hatte beobachtet, dass ein Mikrowellensender an seinem Arbeitsplatz einen Schokoriegel in seiner Jackentasche zum Schmelzen gebracht hatte. Im Mikrowellenherd erhitzen sich Speisen von innen nach außen. Darum können Eier darin explodieren.

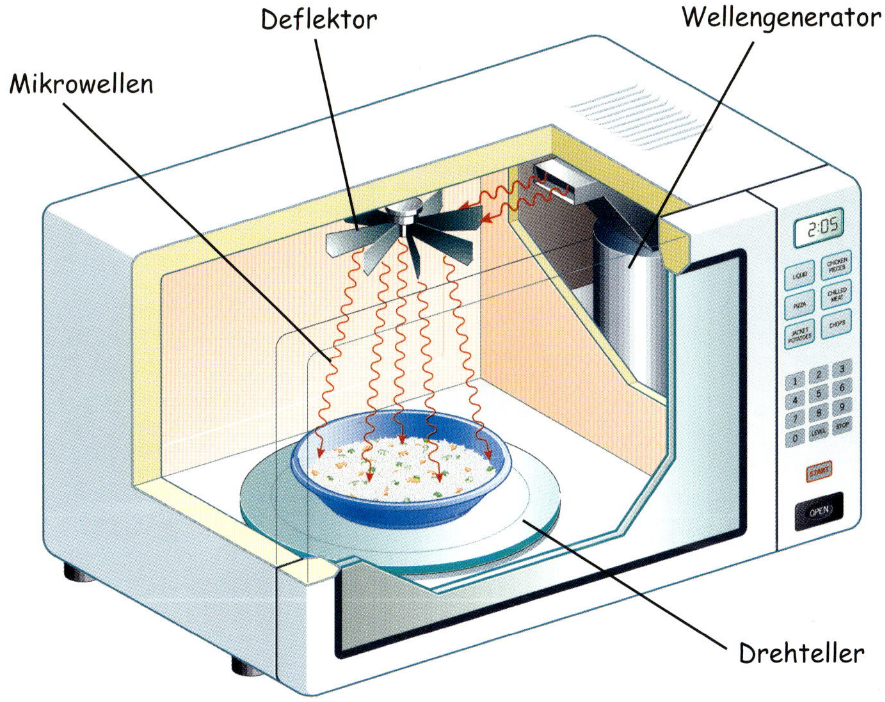

▲ Im Mikrowellenherd werden die Mikrowellen mit einem Deflektor aus Metallblättern zu den darunter stehenden Speisen umgelenkt.

94 Eine Glühlampe enthält keine Luft.

Täte sie es, würde sie schnell durchbrennen. Die ersten Glühlampen versagten, weil Luft eindringen konnte. 1879 erfand der Amerikaner Thomas Edison eine luftdichte Glühlampe, die lange leuchtete. 1882 gründete er die erste Glühlampenfabrik.

◀ Im Inneren einer Glühlampe bringt der elektrische Strom einen dünnen Draht im luftleeren Raum zum Glühen.

95 Vor 4000 Jahren gab es in den Königspalästen

der griechischen Insel Kreta schon Toiletten mit Wasserspülung – dank Regenwasser. In Europa wurden Toiletten mit Spülkasten erst im 18. Jahrhundert entwickelt. 1885 erfand Thomas Twyford die erste Spültoilette aus Porzellan.

Eroberung des Weltraums

96 Die Concorde kann fast 2150 km/h schnell fliegen – das ist doppelt so schnell wie der Schall und mindestens doppelt so schnell wie die ersten Düsenflugzeuge. Das große Verkehrsflugzeug überflog den Atlantik in einer Höhe von 18000 Metern.

◀ Mit der Concorde konnten Hunderte von Passagieren sehr bequem und in nur 3 Stunden Reisezeit den Atlantik überqueren.

97 Im 13. Jahrhundert vertrieben die Chinesen die mongolische Armee mit Raketen. Die Raketen enthielten Schwarzpulver, das die Chinesen schon 300 Jahre früher erfunden, aber bis dahin nur für Feuerwerk benutzt hatten.

KAUM ZU GLAUBEN!

Im 15. Jahrhundert versuchte der Chinese Wan Hu, aus 47 Raketen und zwei Drachen ein Fluggerät zu bauen. Seine Diener zündeten alle Raketen zur gleichen Zeit – und Wan Hu verschwand mit einer gewaltigen Explosion für immer.

◀ Die Chinesen setzten als Erste Schießpulver im Krieg ein – in solchen tragbaren Kanonen zum Abfeuern von Raketen.

98 Im Zweiten Weltkrieg flog eine deutsche Rakete 321 Kilometer weit bis zu ihrem Ziel in England. Sie war von dem Wissenschaftler Wernher von Braun konstruiert worden. Nach dem Krieg entwickelte er in Amerika Weltraum-Raketen.

99 1969 landeten die ersten Menschen mit dem Raumschiff Apollo 11 auf dem Mond.

1969 landeten die ersten Menschen mit dem Raumschiff Apollo 11 auf dem Mond. Auf der Erde sahen Menschen am Fernseher, wie Neil Armstrong und Buzz Aldrin über die Mondoberfläche spazierten.

▶ Eine dreistufige Saturn-Rakete brachte das Raumschiff mit den ersten Mondbesuchern in den Weltraum. Sie wog rund 2900 Tonnen.

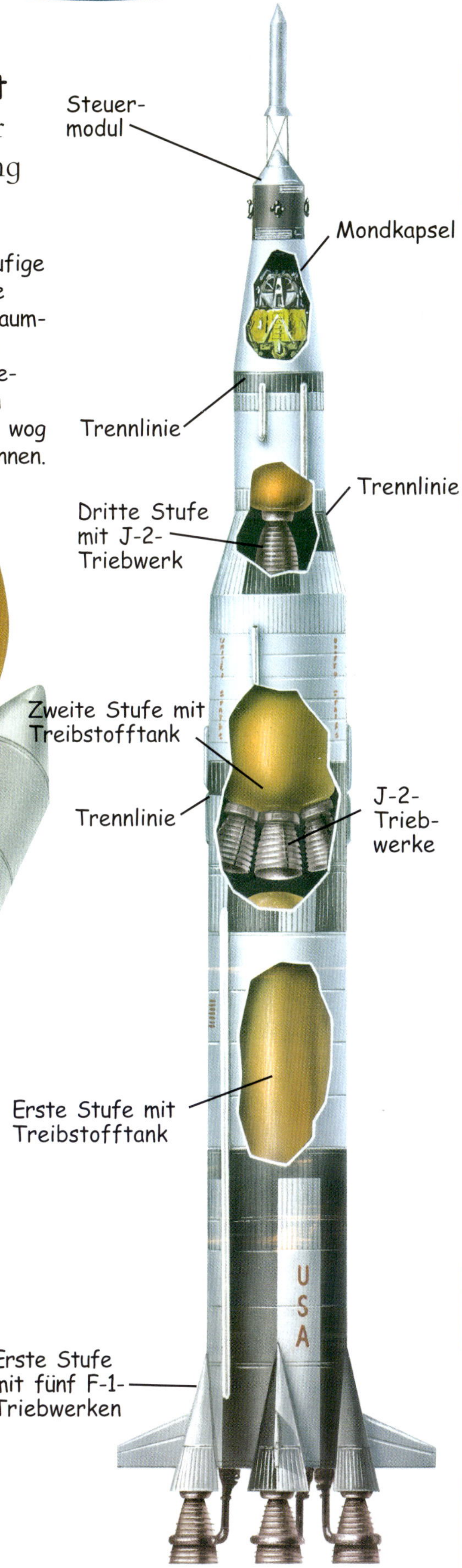

100 Das Space Shuttle fliegt mit einem riesigen Treibstofftank und seitlich angebrachten Raketen in den Weltraum.

Das Space Shuttle fliegt mit einem riesigen Treibstofftank und seitlich angebrachten Raketen in den Weltraum. Dann werden Tank und Raketen abgeworfen und das Shuttle umkreist die Erde. Die Raumfähre wurde 1981 in Amerika entwickelt und kann immer wieder benutzt werden.

▲ Das Space Shuttle braucht seine Raketen nur für den Start und wirft sie dann ab. Nach dem Flug landet es ähnlich wie ein normales Flugzeug.

Register